Haut-Koenigsbourg

Le défi du temps

Christophe CARMONA

i. D. l'édition

Embarquez-vous sur le vaisseau des siècles !

En jetant le château du Haut-Koenigsbourg dans le maelström de l'Histoire, Christophe Carmona a vu juste : comme tant de châteaux forts du Moyen Âge, il a connu des aventures extraordinaires. Propriété de plusieurs empereurs, de ducs et de seigneurs locaux, aux mains de brigands redoutables, il a été successivement agrandi, transformé, démantelé et reconstruit, pour être à nouveau détruit. Mais pas pour toujours, à la différence de beaucoup d'autres. Un grand rêve impérial l'a fait renaître de ses ruines et le voici à nouveau debout depuis presque un siècle, ressurgi comme intact du passé. Les châteaux forts ont toujours hanté notre imaginaire et alimenté nos rêves. Aujourd'hui encore, et peut-être plus que jamais, le château du Haut-Koenigsbourg fait rêver et c'est là le secret de son succès. Voilà bientôt 900 ans qu'il relève le défi du temps. Mais, on va le voir, l'aventure ne fait que commencer...

Werner Rauch
Administrateur

Quelques dates marquantes dans l'histoire du château du Haut-Koenigsbourg

- **1147** Le château est mentionné pour la première fois. Il appartient à la famille impériale des Hohenstaufen.

- **1462** Occupé par des chevaliers brigands, il est assiégé par une coalition de villes fédérées et démantelé.

- **1517** Après avoir été reconstruit et fortifié par les comtes de Tierstein, il revient à la maison impériale des Habsbourg.

- **1633** C'est la Guerre de Trente Ans. Le château est pris par les Suédois et incendié. Il restera à l'état de ruine pendant deux siècles et demi.

- **1865** La ruine et les forêts environnantes sont acquises par la ville de Sélestat.

- **1871** L'Alsace est rattachée au nouvel Empire allemand.

- **1899** La ville de Sélestat offre la ruine à l'Empereur Guillaume II.

- **1901-1908** Le château est restauré par l'architecte Bodo Ebhardt.

- **1919** Par le traité de Versailles, il devient domaine national français.

- **1937** Jean Renoir y tourne des scènes de "La Grande Illusion".

Nous remercions Monsieur Werner Rauch et son équipe de guides pour leurs conseils historiques et Caroline Franck pour les relectures.

Remerciements aux Conseils Généraux du Bas-Rhin et du Haut-Rhin pour leur soutien à l'édition de cette BD.

I.D. L'ÉDITION STRASBOURG
Tél : 03 88 34 22 00
id.edition@wanadoo.fr - www.id-edition.com
ISBN : 2-913302-92-0
2ème trimestre 2006

Imprimé en C.E.

*LIRE LE MANUSCRIT DU LICHTENBERG

IL Y A EU UN TREMBLEMENT DE TERRE OU QUOI ? TU AS VU DANS QUEL ÉTAT IL EST!
MAIS QUE RACONTES-TU ? !
CE CHÂTEAU A TOUJOURS ÉTÉ COMME ÇA, RIEN QU'UNE JOLIE RUINE. IL EST MÊME QUESTION DE LE RESTAURER DANS UN STYLE FUTURISTE.
JE T'EN PRIE, JE DOIS Y ALLER POUR VÉRIFIER PAR MOI-MÊME...
QUELQUE CHOSE A DÛ SE PASSER ! ...TU PARLAIS AVANT DE NOTRE AVENIR.
JE CROIS QUE C'EST ARRIVÉ ?? CE CHÂTEAU DEVRAIT ÊTRE COMME AU MOYEN AGE.
BIEN, ALLONS-Y PUISQUE TU INSISTES.
TU DIS QUE CE SITE A ÉTÉ RECONSTITUÉ À L'IDENTIQUE, COMME PAR LE PASSÉ ?
OUI, DANS LES ANNÉES 1900 SI JE ME SOUVIENS BIEN...
LA ROUTE NE MONTE PAS PLUS HAUT ? ... MAMAN ? ...
TU POSES DE DRÔLES DE QUESTIONS AUJOURD'HUI MA PUCE!
RUINE DU HAUT KOENIGSBOURG 35 mm
ODENBOURG 30 mm
35 MINUTES DE MARCHE !!!

ON GRIMPE PAR CE SENTIER ? ...
ET APRÈS UNE LONGUE ASCENSION.
ON Y EST !
ALORS, QU'EN DIS-TU ALINE !
IL N'Y A PLUS DE BILLETTERIE... ET LES MURS SE LÉZARDENT
ET PAS UN SEUL GUIDE À L'HORIZON
ET CE N'EST PAS LA GRANDE ILLUSION !
OUI, LA VISITE S'EFFECTUE AUX RISQUES ET PÉRILS DES VISITEURS.
IL DEVRAIT Y AVOIR UN ESCALIER ? NON ? ...
C'EST DÉCONSEILLÉ DE S'AVENTURER VERS LE SOMMET.
LES PIERRES SE DESCELLENT...
DANGER À SES RISQUES ET PÉRIL
ET PUIS ON RACONTE QUE CE LIEU EST HANTÉ, UN SEIGNEUR BRIGAND Y A FAIT ASSASSINER DES GENS QU'IL DÉTENAIT CAPTIFS DEPUIS LES ÂMES DE CES MALHEUREUX HANTENT LES RUINES
3

HIHIHI ! TU NE VAS PAS ME FAIRE CROIRE QUE TU CROIS AUX FANTÔMES...
HO ! ...ILS SONT DRÔLES, ON DIRAIT QU'ILS SE FONT LA CONVERSATION.
SOYONS RAISONNABLES !
...FAISONS DEMI-TOUR.
CETTE LUEUR ?! ...
!...
DES REVENANTS !
JE T'AVAIS PRÉVENUE !
MAIS OUI !
LA GUILDE DU TEMPS ! ...
MON DIEU !!! ...
DAME CATHERINE! ...
MAMAN !!! ...
N'AIE CRAINTE
ELLE EST SIMPLEMENT ÉVANOUIE...
NOUS SOMMES ICI PARCE QUE NOUS AVONS BESOIN DE TON AIDE...
MON AIDE ?
OUI, TU VAS DEVOIR DÉCOUVRIR POUR QUELLES RAISONS CET ENDROIT EST EN RUINES.
AU LIEU D'ÊTRE ENTIÈREMENT RESTAURÉ À L'IDENTIQUE, PAS VRAI ?

OUI NORMALEMENT, SANS TON POUVOIR, TU AURAIS DÛ PERDRE LE SOUVENIR DE LA RECONSTRUCTION ... IMPOSANT À TA MÉMOIRE UNE AUTRE RÉALITÉ, COMME POUR DAME CATHERINE. CELLE DE CE TEMPS PRÉSENT OÙ TOUT EST EN RUINES...
VOICI UN LIVRE QUI CONTE L'HISTOIRE DU KÖENIGSBERG; IL Y EST QUESTION DE SA RESTAURATION PAR UN CERTAIN BODO EBHARDT.
TROUVE LES RAISONS DE LA FAILLE TEMPO-RELLE ET TOUT REDEVIENDRA COMME AVANT.
BIEN, MAINTENANT IL EST TEMPS QUE TU COMMENCES TON PÉRIPLE.
AH OUI, UNE DERNIÈRE CHOSE ... D'APRÈS NOS RENSEIGNEMENTS, DEPUIS SA RECONSTITUTION LE CHÂTEAU ATTIRE DES PÈLERINS DU MONDE ENTIER, DES TOURISTES COMME ON DIT DE TON TEMPS. DE PLUS, IL Y A DES GUIDES À CHAQUE ÉTAGE. NOUS ALLONS DONC NOUS DÉPLACER VERS LE DONJON, QUI N'EST PAS VISITABLE, AFIN DE NE PAS ÊTRE VUS SI TU PARVIENS À RÉTABLIR L'ORDRE DES CHOSES.
N'OUBLIE PAS QUE TU DOIS REVENIR VERS LE DONJON DANS 30 MINUTES, IL EST 11H ET 35 MINUTES ...
TRÈS BIEN, ALLEZ, À TOUT DE SUITE ! ...
FRÉDÉRIC LE BORGNE EST CHARGÉ PAR SA FAMILLE DE CONTRÔLER LA VALLÉE DU RHIN. IL S'EMPARE DONC DU MONT STAUFENBERG AFIN D'Y ÉDIFIER SON CHÂTEAU, LE CASTRUM ESTUFIN, SUR LES TERRES DE L'ABBAYE ROYALE DE SAINT DENIS, DONT DÉPEND LE PRIEURÉ DE LIÈPVRE, À QUELQUES LIEUES DE LÀ.
EN 1151, SON FILS FRÉDÉRIC BARBEROUSSE EST EN VISITE AU CASTRUM.
2000
1940
1800
1700
1667
5

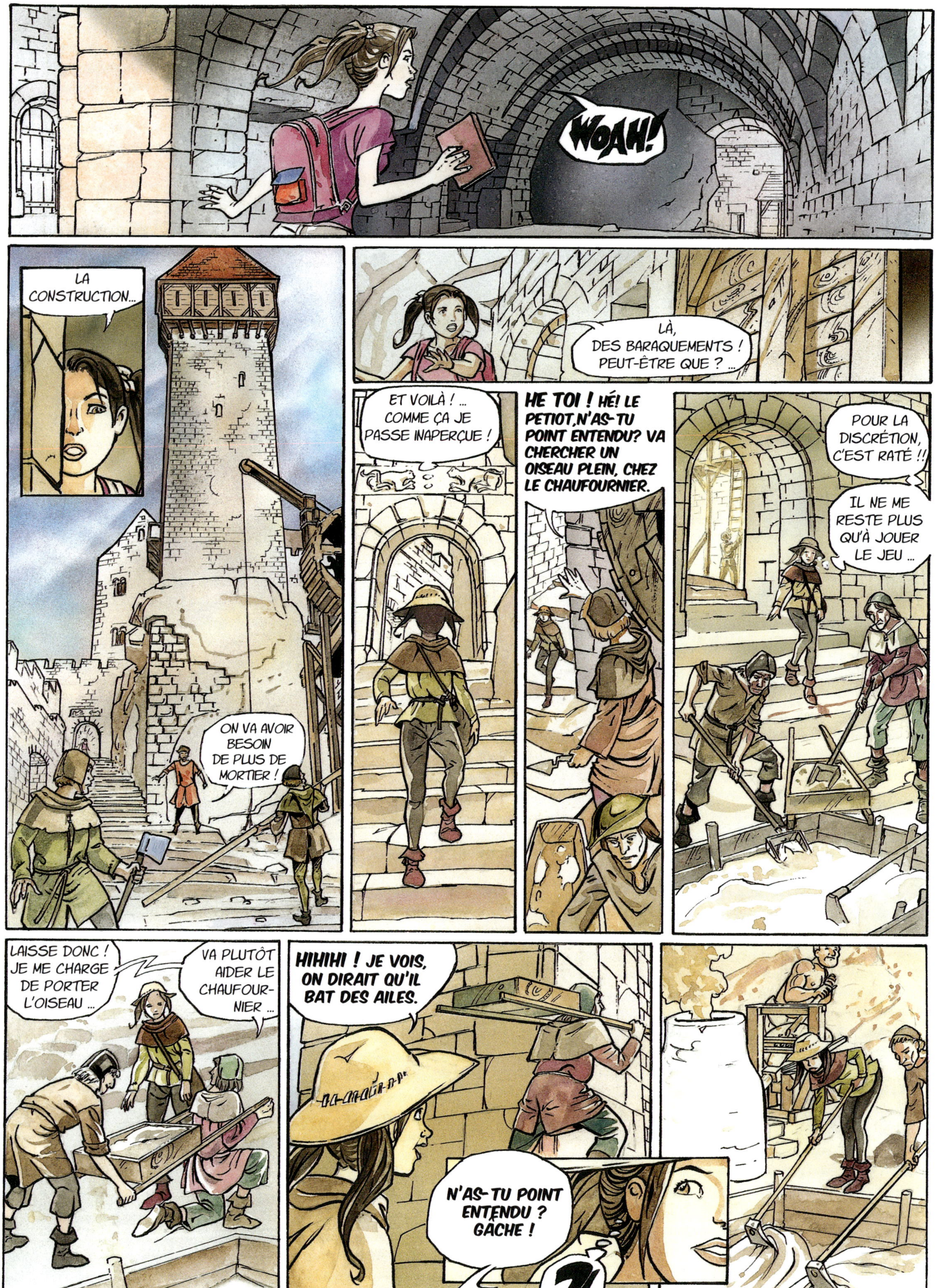
WOAH!
LA CONSTRUCTION...
ON VA AVOIR BESOIN DE PLUS DE MORTIER !
LÀ, DES BARAQUEMENTS ! PEUT-ÊTRE QUE ? ...
ET VOILÀ ! ... COMME ÇA JE PASSE INAPERÇUE !
HE TOI ! HÉ! LE PETIOT, N'AS-TU POINT ENTENDU? VA CHERCHER UN OISEAU PLEIN, CHEZ LE CHAUFOURNIER.
POUR LA DISCRÉTION, C'EST RATÉ !!
IL NE ME RESTE PLUS QU'À JOUER LE JEU ...
LAISSE DONC ! JE ME CHARGE DE PORTER L'OISEAU ...
VA PLUTÔT AIDER LE CHAUFOUR-NIER ...
HIHIHI ! JE VOIS, ON DIRAIT QU'IL BAT DES AILES.
N'AS-TU POINT ENTENDU ? GÂCHE !
?
6

*CONRAD III: 1138-1152, EMPEREUR DU SAINT EMPIRE ROMAIN GERMANIQUE. FRÉDÉRIC BARBEROUSSE, FUTUR EMPEREUR (1155-1190)

HE TOI !
ON A BESOIN DE BESOGNEUX À LA LOGE.
LES MAÎTRES TAILLEURS TRAVAILLENT À L'ÉQUERRE
LA PIERRE DÉGROSSIE PAR D'AUTRE,
EH ! D'OÙ QU'IL SORT CELUI-LÀ
FRAPPE ! FRAPPE DONC PLUS FORT, C'EST LE MÉTIER QUI RENTRE !
CONTINUE COMME ÇA ET TU Y ARRIVERAS DANS MILLE ANS !
À LA SOUPE ! ...
J'Y ARRIVERAI ...
ILS S'ÉLOIGNENT ! RIEN À SIGNALER PAR ICI...
A PART QU'ILS FONT TRAVAILLER LES ENFANTS ...
LA MAISON DES HOHENSTAUFEN CONNAÎT QUELQUES REVERS DE FORTUNE, ET LE DÉSORMAIS KÖENIGSBERG DEVIENT PROPRIÉTÉ DU DUC DE LORRAINE. PAR AILLEURS, IL EST DONNÉ EN FIEF À CUNO DE BERGHEIM QUI, LUI, EST AU SERVICE DE FRÉDÉRIC II, ADVERSAIRE DU DUC, QUI QUELQUES ANNÉES PLUS TARD LE DONNERA EN FIEF AU LANDGRAVE DE WERD, QUI VA DÉCÉDER. SON SUCCESSEUR HENRI SIGERBERT ÉTANT ENCORE TROP JEUNE, LE DUC CONFIE ALORS LE CHÂTEAU À CUNO DE BERGHEIM QUI CONCLUT UN SINGULIER TRAITÉ AVEC LA LORRAINE : IL POURRA UTILISER ESTUPHIN AU SERVICE DE FRÉDÉRIC ! PUIS LES HOHENSTEIN SE VOIENT CONFIER LE FIEF D'EMPIRE ALORS QU'À UNE LIEUE DE LÀ, ON EST EN TRAIN DE CONSTRUIRE LE PETIT KOENIGSBURG OCCUPÉ PAR LES RATHSAMHAUSEN.
1267 UNE FÊTE Y EST DONNÉE ENTRE LES DEUX SEIGNEURS VOISINS...
1151
1181
1213
1250
1211
PAR LES FEUX DE SAINT JEAN ! ...
HOHO !
UN DÉMON, MESSIRE !
8

IL VAUT MIEUX M'ÉLOIGNER DU CHÂTEAU
LAISSEZ CE FARFADET EN PAIX !...
IL VIENT SÛREMENT DU TEUFELSLOCH ! ...*
DIABLERIE MESSIRE !...
ILS SEMBLENT ABANDONNER LEUR POURSUITE...
COMME DANS LE LIVRE...
LA NOUVELLE CONSTRUCTION...
AÏE ! ...
QUI ES-TU, TOI ?
HÉ ! TU ES UNE FILLE, MIGNONNE EN PLUS !...
JE M'AP-PELLE LUGFRIED ET TOI ?..
ALINE...JE ME SUIS ÉGARÉE
TU AS UN DRÔLE DE NOM TU SAIS...
MON PÈRE FRIEDRICH EST CHARPENTIER. IL TRAVAILLE AU CHANTIER DU MITTELKOENIGSBERG POUR LE COMPTE DES RATHSAMHAUSEN, UNE PUISSANTE FAMILLE DE LA RÉGION. ILS ONT REÇU UNE PART DU KÖENIGSBERG EN FIEF DU DUC DE LORRAINE, MAIS PAR MANQUE DE PLACE ILS PRÉFÈRENT CONSTRUIRE UN NOUVEAU CASTRUM. JE DOIS CONDUIRE TROIS OIES AU KÖENIGSBERG OÙ L'ON ORGANISE UN BANQUET. M'ACCOMPAGNERAS-TU ?
D'ACCORD, MAIS IL ME FAUDRAIT UNE ROBE?
9

QUELQUES HEURES PLUS TARD.
VOS SERVICES ! ET DES VICTUAILLES POUR NOTRE SEIGNEUR! ALLEZ-Y ! ...
VOUS DEUX, AUX CUISINES ! ...
JE M'OCCUPE DES OIES ! ...
TOI LE MARMITON, AU TOURNEBROCHE ! TOI LA FILLE...
AU NETTOYAGE DES CHAUDRONS, PLUS VITE !
BEN VOYONS ! ...
TOOOOUUUOO.
ET AINSI DÈS LE MATIN, CHAQUE PLAT EST PRÉSENTÉ AUX CONVIVES QUI MANGENT DES HEURES DURANT ...
MMM ! LES TOURTES SONT APPÉTISSANTES.

APRÈS PLUSIEURS SERVICES, LE VASSAL DÉSIGNÉ POUR ORGANISER LES CUISINES REJOINT ENFIN LA SALLE DES FÊTES;
VIENS DONC MANGEAILLER, ALINE !
TANDIS QUE LES SERVITEURS SE NOURRISSENT ENFIN DES RESTES DANS LA CUISINE.
EH BIEN, IL NE RESTE QUE DE LA SOUPE...
ELLE EST BIEN BONNE !...
AVEC CELA VOUS AVEZ DE LA CHANCE ...
LE SANG DE LAPIN N'A POINT CAILLÉ...
MAIS REVIENS,
ATTENDS !
JE NE PEUX T'EXPLIQUER POURQUOI JE SUIS ICI LUGFRIED, CE SERAIT TROP COMPLIQUÉ;
À PRÉSENT JE DOIS RESTER SEULE.
JE TE LAISSE MAIS AURAIS-JE L'ESPOIR DE TE REVOIR ?... ALINE !...
JE LE SOUHAITE LUGFRIED ... N'AIE CRAINTE POUR LES VÊTEMENTS QUE TA FAMILLE M'A PRÊTÉS, TU LES RETROUVERAS AU MÊME ENDROIT SOUS PEU.
?...
IL EST PARTI.
PAR LÀ, C'EST UNE IMPASSE...
JE NE DOIS PAS ÊTRE VUE !
JEAN II DE WERD, MOURANT, LAISSE SES AFFAIRES À SES COUSINS LES COMTES D'OETTINGEN DANS LA SECONDE MOITIÉ DU XIVÈME SIÈCLE LES HÉRITIERS DU TITRE DE LANDGRAVE VENDENT POUR 10000 FLORINS LEUR SEIGNEURIE À L'ÉVÊQUE DE STRASBOURG SANS L'ACCORD DU DUC DE LORRAINE QUI PROTESTE... 1360 L'ÉVÊQUE JEAN DE LICHTENBERG EFFECTUE UNE COURTE VISITE AU HOHKOENIGSBURG, TENU EN FIEF PAR LES HOHENSTEIN ET LES RATHSAMHAUSEN...
1300
1290
1254
MAIS QUI ES-TU ALINE ?
11

VOYEZ MONSEIGNEUR, LE KOENIGSBURG EST COUPÉ EN DEUX PAR UN LARGE FOSSÉ, L'AUTRE PARTIE EST LE FIEF DES RATHSAMHAUSEN
...SACHEZ QUE NOUS AVONS TOUJOURS FAIT BONNE ENTENTE ENTRE VOISINS...
VOYEZ AUSSI PAR DELÀ CES MURS LE PETIT KOENIGSBURG, POSSESSION DE LA MÊME FAMILLE, SUIVI DE DEUX AUTRES DONJONS SUR LA PENTE...
QUANT À VOUS, MESSIRE, QUE VOUS A LÉGUÉ LE DUC DE LORRAINE ?
CE DONJON EST NÔTRE !
AINSI QUE CELUI QUE L'ON VOIT AU LOIN
PERSONNE NE M'A REMARQUÉE !
BIEN ! A PRÉSENT DITES AU DUC QUE JE M'EN RETOURNE À L'ÉVÊCHÉ
MOI, JEAN DE LICHTENBERG, J'AI TENU À RACHETER CETTE FORTERESSE
FAITES BON VOYAGE MON-SEIGNEUR
JEAN DE LICHTENBERG ???
UN LICHTENBERG ! ICI ! IL DOIT ÊTRE CONTEMPORAIN D'HANEMANN LE SEIGNEUR QUE J'AI RENCONTRÉ LORS DE MON PRÉCÉDENT VOYAGE DANS LE TEMPS...
ET LÀ, IL A AFFAIRE AVEC LE HAUT KOENIGSBOURG... LES HISTOIRES SE CROISENT ET SE RECROISENT...
BIEN ! RIEN À SIGNALER NON PLUS DANS CE MONDE-CI
LES CHEVALIERS DE LA GUILDE DU TEMPS VONT ÊTRE DÉÇUS...
JE DOIS RÉUSSIR À TROUVER POURQUOI C'EST UNE RUINE À MON ÉPOQUE !
L'EMPEREUR CHARLES IV ENTÉRINE L'ACTE. LE DUC DE LORRAINE PROTESTE, IL Y INSTALLE LES OETTINGEN. ENFIN FRÉDÉRIC III INFÉODE LES SEIGNEURS DE HOHENSTEIN QUI ACCUEILLENT EN 1442 HANS VON WESTERNACH, L'ENNEMI DE L'ÉLECTEUR PALATIN

1454
REGARDE ANTOINE, ILS ARRIVENT.
MESSIRE HANS VON WESTERNACH, ALLIÉ DES COMTES DE LÜTZELSTEIN,
NOUS VOUS CÉDONS LA PARTIE NORD. INSTALLEZ-VOUS, MAIS SACHEZ TOUTEFOIS QUE NOUS NE VOULONS PAS D'HISTOIRES.
N'AYEZ CRAINTE JACQUES, VOUS NE REMARQUEREZ MÊME PAS NOTRE PRÉSENCE !
TRÈS BIEN ALLEZ-Y !
CROIS-TU QUE CE SOIT PRUDENT D'ACCUEILLIR DE TELS INDIVIDUS ?
ALLONS ! PLUS VITE !...
ILS SONT ALLIÉS AU COMTE DE LUTZELSTEIN, QUI S'EN EST PRIS AUX INTÉRÊTS DE L'ÉLECTEUR PALATIN, FRÉDÉRIC LE VICTORIEUX, SON ENNEMI JURÉ.
JE SAIS, MAIS NOUS DEVONS AUSSI NOUS DÉFENDRE DES TROUBLES ACTUELS. LES ARMAGNACS NE SONT PAS LOIN...
SI LE CHÂTEAU EST ATTAQUÉ, NOUS NE SERONS PAS DE TROP.
TOUT CELA NE PRÉSAGE RIEN DE BON ! ...
AU SECOURS !!!
LÂCHEZ-MOI !!!
JE TE L'AVAIS DIT ANTOINE !!!
13

LÂCHEZ-MOI !!!
TU M'ESPIONNES, SAUVAGEONNE HA !!!
CETTE FOIS IL ME FAUDRAIT UN MIRACLE !
ALORS MESSIRE D'OÙ NOUS SORT CETTE BICHE AUX ABOIS ?
UN MIRACLE !...
AUCUNE IDÉE HANS...
LEUR ÉCHAPPER ...LA PAGE ...
L'ELECTEUR SOMME SES REPRÉSENTANTS EN ALSACE DE METTRE LE SIÈGE AU CHÂTEAU ; UNE PAIX EST ALORS SIGNÉE À CONDITION QUE LES HOHENSTEIN INFORMENT CE DERNIER DE TOUTE DÉCISION MAIS LES HOHENSTEIN DÉSOBÉISSENT ET OUVRENT LES PORTES À DE LOINTAINS PARENTS : LES FRÈRES MEY.
QU'ON LA FASSE TAIRE !
AVEC EUX, LE CHÂTEAU DEVIENT UN REPAIRE DE BRIGANDS EN 1456.
!!!
!
FOUDROYÉE, C'EN EST FINI POUR ELLE...
LE CIEL SEMBLE AVOIR RÉPONDU À MES SOUHAITS...
1454
1455
1456
ET DONC QUELQUES ANNÉES PLUS TARD...
MAIS JE RÊVE !
TU AS ÉTÉ FOUDROYÉE ! COMMENT CELA EST-IL POSSIBLE ?...
...

TU NE DEVRAIS PLUS ÊTRE DE CE MONDE !...
L'ORAGE ! LES ÉCLAIRS ! IL ME CROIT FOUDROYÉE...
D' OÙ SORS-TU, TELLE UNE BELETTE QUI CHERCHE À FUIR... **HAHA HA !...**
UNE FURIE !...
REGARDEZ ÇA !
PRENEZ GARDE REINHARD, C'EST UN ESPRIT !!!
ELLE COURT VITE POUR UN FANTÔME ET ME PARAIT BIEN VIVANTE AU CONTRAIRE...
JE...JE ...
MAIS RATTRAPEZ-LA MORBLEU !!!
DE LÀ HAUT J'AURAI LE TEMPS DE FUIR...
LE HAUT-KOENIGSBOURG DEVIENT AVEC LES MEY UN REPAIRE DE BRIGANDS QUI RANÇONNENT LES VOYAGEURS ET LES MARCHANDS. 1462, LES BÂLOIS, L'ARCHIDUC D'AUTRICHE, LES ÉVÊQUES DE STRASBOURG, ET BIEN SÛR L'ÉLECTEUR PALATIN, ASSIÈGENT LE CHÂTEAU.
QUEL EST CE PRODIGE ?...
SATANAS !...
1456
1457
1458
1460
1462
IL N'Y A PERSONNE, TOUT EST DÉSERT ?...
15

*GROSSE PIÈCE DE CANON APPELÉE DER TRACH, "LE DRAGON".

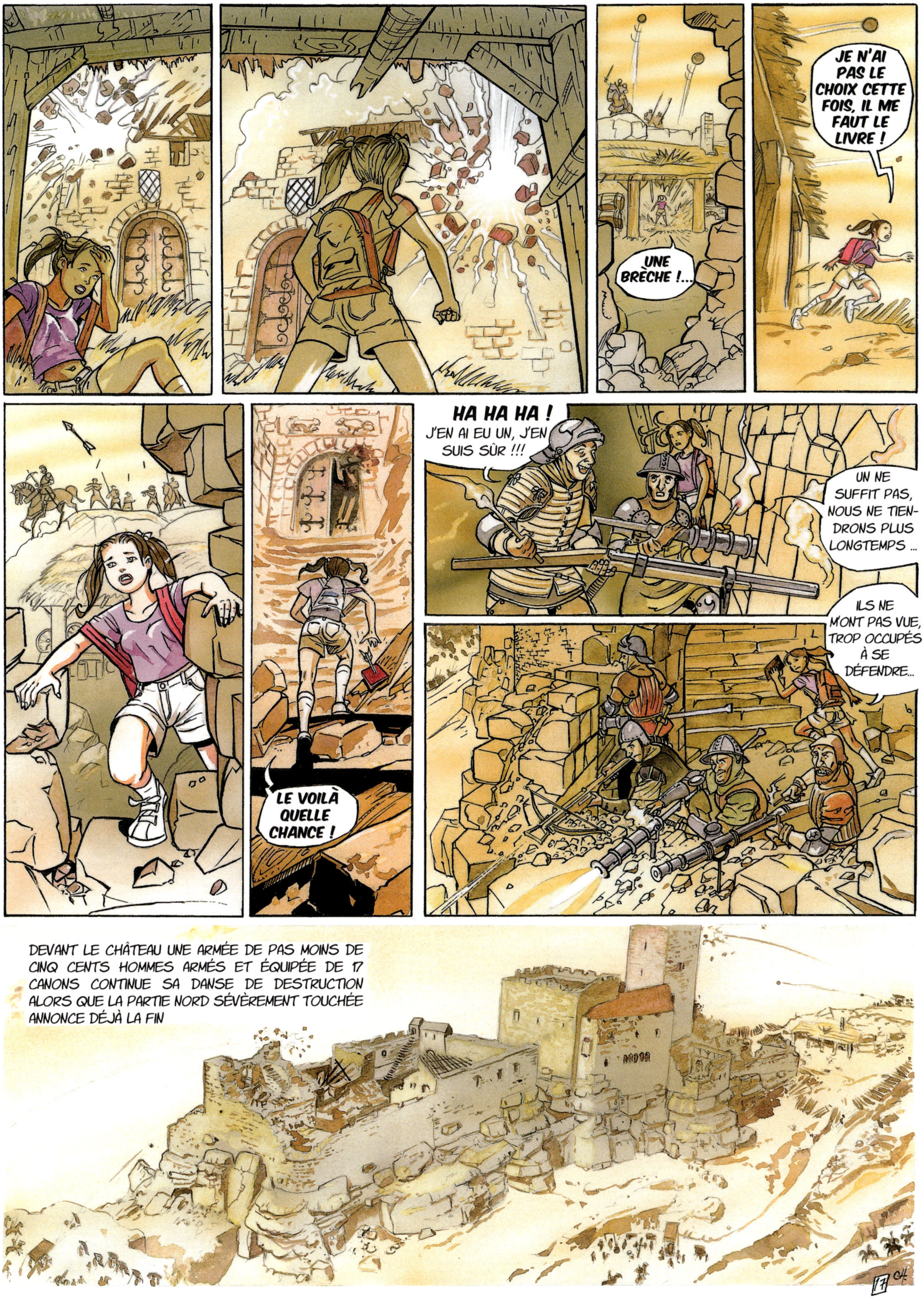
UNE BRÈCHE !...
JE N'AI PAS LE CHOIX CETTE FOIS, IL ME FAUT LE LIVRE !
LE VOILÀ QUELLE CHANCE !
HA HA HA !
J'EN AI EU UN, J'EN SUIS SÛR !!!
UN NE SUFFIT PAS, NOUS NE TIENDRONS PLUS LONGTEMPS ...
ILS NE M'ONT PAS VUE, TROP OCCUPÉS À SE DÉFENDRE...
DEVANT LE CHÂTEAU UNE ARMÉE DE PAS MOINS DE CINQ CENTS HOMMES ARMÉS ET ÉQUIPÉE DE 17 CANONS CONTINUE SA DANSE DE DESTRUCTION ALORS QUE LA PARTIE NORD SÉVÈREMENT TOUCHÉE ANNONCE DÉJÀ LA FIN

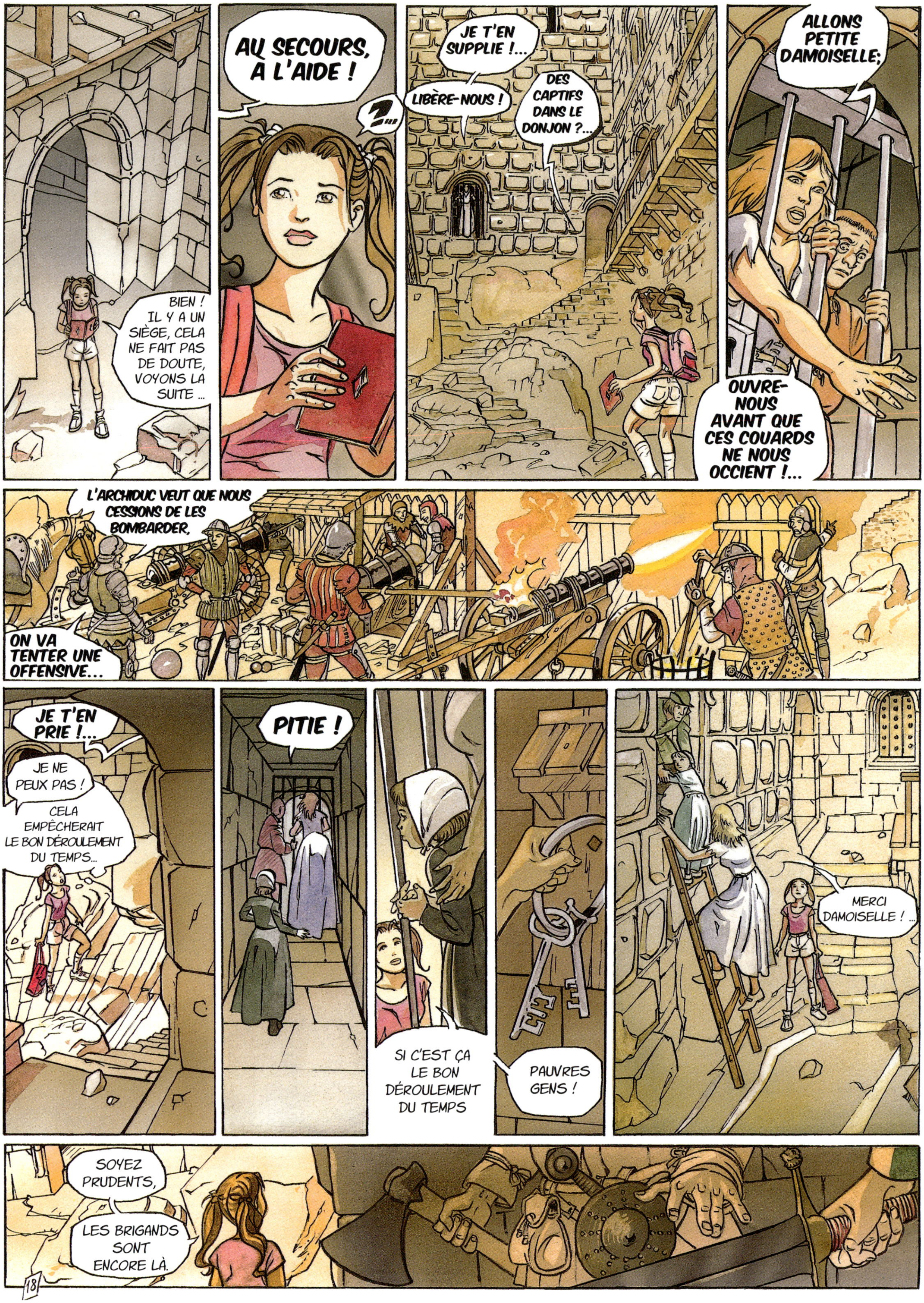
BIEN ! IL Y A UN SIÈGE, CELA NE FAIT PAS DE DOUTE, VOYONS LA SUITE ...
AU SECOURS, À L'AIDE !
?...
JE T'EN SUPPLIE !...
LIBÈRE-NOUS !
DES CAPTIFS DANS LE DONJON ?...
ALLONS PETITE DAMOISELLE;
OUVRE-NOUS AVANT QUE CES COUARDS NE NOUS OCCIENT !...
L'ARCHIDUC VEUT QUE NOUS CESSIONS DE LES BOMBARDER,
ON VA TENTER UNE OFFENSIVE...
JE T'EN PRIE !...
JE NE PEUX PAS !
CELA EMPÊCHERAIT LE BON DÉROULEMENT DU TEMPS...
PITIE !
SI C'EST ÇA LE BON DÉROULEMENT DU TEMPS
PAUVRES GENS !
MERCI DAMOISELLE ! ...
SOYEZ PRUDENTS,
LES BRIGANDS SONT ENCORE LÀ.
18

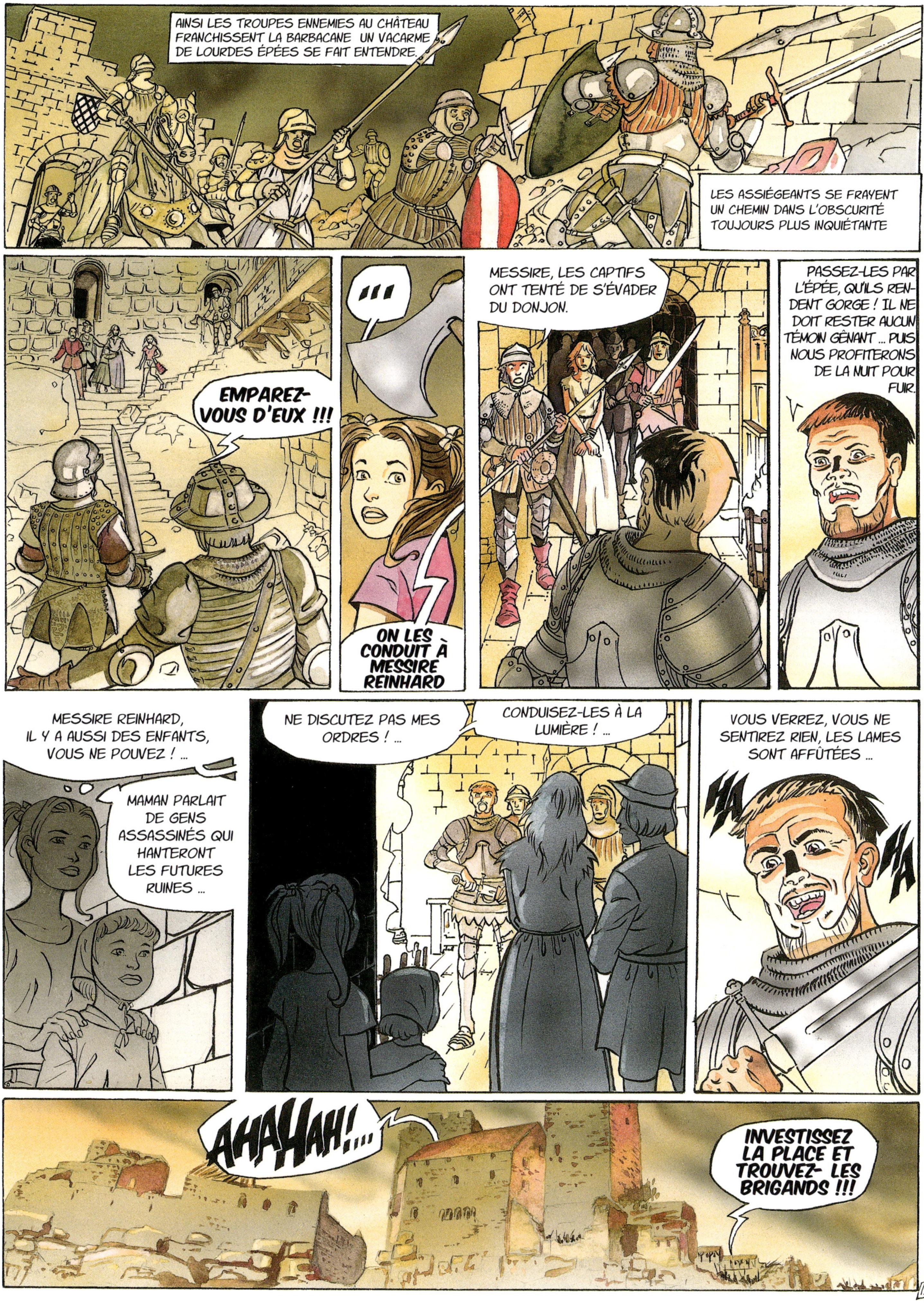
AINSI LES TROUPES ENNEMIES AU CHÂTEAU FRANCHISSENT LA BARBACANE UN VACARME DE LOURDES ÉPÉES SE FAIT ENTENDRE.
LES ASSIÉGEANTS SE FRAYENT UN CHEMIN DANS L'OBSCURITÉ TOUJOURS PLUS INQUIÉTANTE
EMPAREZ-VOUS D'EUX !!!
!!!
ON LES CONDUIT À MESSIRE REINHARD
MESSIRE, LES CAPTIFS ONT TENTÉ DE S'ÉVADER DU DONJON.
PASSEZ-LES PAR L'ÉPÉE, QU'ILS RENDENT GORGE ! IL NE DOIT RESTER AUCUN TÉMOIN GÊNANT ... PUIS NOUS PROFITERONS DE LA NUIT POUR FUIR.
MESSIRE REINHARD, IL Y A AUSSI DES ENFANTS, VOUS NE POUVEZ ! ...
MAMAN PARLAIT DE GENS ASSASSINÉS QUI HANTERONT LES FUTURES RUINES ...
NE DISCUTEZ PAS MES ORDRES ! ...
CONDUISEZ-LES À LA LUMIÈRE ! ...
VOUS VERREZ, VOUS NE SENTIREZ RIEN, LES LAMES SONT AFFÛTÉES ...
HA HA
AHAHAH!...
INVESTISSEZ LA PLACE ET TROUVEZ- LES BRIGANDS !!!
19

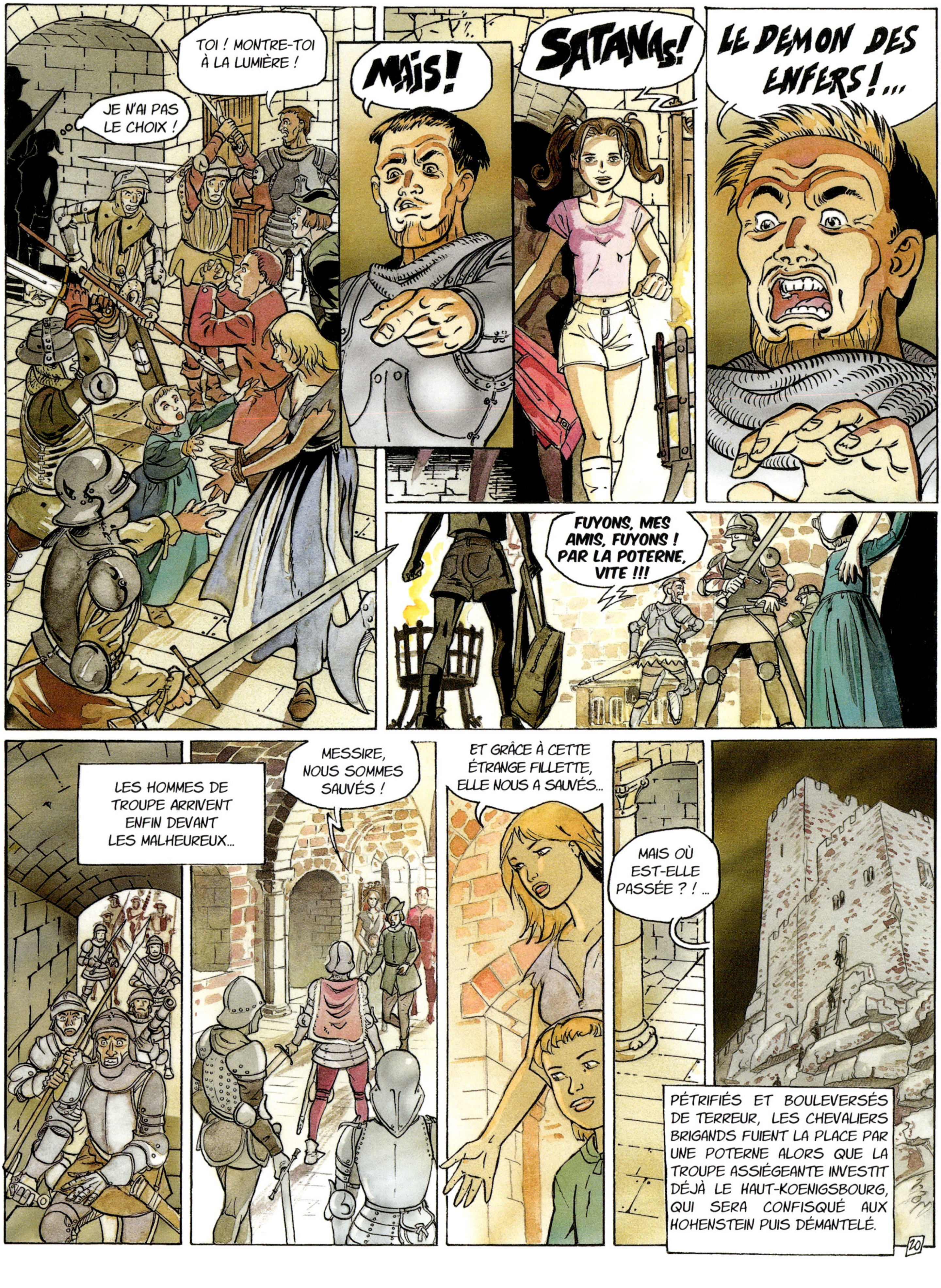

TOI ! MONTRE-TOI À LA LUMIÈRE !
JE N'AI PAS LE CHOIX !
MAIS !
SATANAS !
LE DEMON DES ENFERS ! ...
FUYONS, MES AMIS, FUYONS ! PAR LA POTERNE, VITE !!!
LES HOMMES DE TROUPE ARRIVENT ENFIN DEVANT LES MALHEUREUX...
MESSIRE, NOUS SOMMES SAUVÉS !
ET GRÂCE À CETTE ÉTRANGE FILLETTE, ELLE NOUS A SAUVÉS...
MAIS OÙ EST-ELLE PASSÉE ? ! ...
PÉTRIFIÉS ET BOULEVERSÉS DE TERREUR, LES CHEVALIERS BRIGANDS FUIENT LA PLACE PAR UNE POTERNE ALORS QUE LA TROUPE ASSIÉGEANTE INVESTIT DÉJÀ LE HAUT-KOENIGSBOURG, QUI SERA CONFISQUÉ AUX HOHENSTEIN PUIS DÉMANTELÉ.
20

L'EMPEREUR FRÉDÉRIC III DE LA MAISON DES HABSBOURG DONNE ALORS LE CHÂTEAU EN FIEF À OSWALD ET WILHELM DE TIERSTEIN, UNE ANCIENNE FAMILLE DU JURA SUISSE ... CES DERNIERS APRÈS AVOIR CONSTATÉ QUE FACE AU CANON LES DÉFENSES SONT FAIBLES, EN FONT UNE FORTERESSE AMÉNAGÉE POUR ARMES À FEU...
ET LÀ, TOUJOURS PLUS AVANT DANS LE TEMPS, ALINE DÉCOUVRE CES NOUVELLES TRANSFORMATIONS.
CETTE FOIS IL RESSEMBLE À CE QUE J'AI CONNU À MON ÉPOQUE...
À PART LE DONJON...
LES DEUX CHÂTEAUX NE FONT PLUS QU'UN...
ET LÀ, LE GRAND BASTION !
COMME IL EST ÉCRIT DANS LE LIVRE UN DOUBLE REMPART...
LES PORTES SE SUCCÈDENT
TOUT SEMBLE NORMAL. ATTENTION, ON VIENT...
EMPRUNTER ENCORE DAVANTAGE ME SEMBLE RISQUÉ, MESSIRE OSWALD.
NOUS AVONS 8 000 FLORINS EN AIDE DE LA VILLE DE STRASBOURG ET 3 000 DE SOLEURE.
VOS AMIS DE SUISSE ...
OUI DE PLUS, IL NOUS RESTE LES DOMAINES ET CHÂTEAUX DU JURA ... QUE L'ON PEUT HYPOTHÉQUER ? OU ENGAGER COMME BIEN OU MÊME VENDRE ...
EN TANT QUE PRÉCEPTEUR JE ME DEVAIS DE VOUS PRÉVENIR, MESSIRE ... L'ARCHIDUC SIGISMOND EST INQUIET, IL M'A ÉCRIT DE BOZEN QUE VOS OUVRIERS DOIVENT ABANDONNER LES LIEUX, MESSIRE ... ET QUE TOUTE NOUVELLE CONSTRUCTION DOIT ÊTRE RASÉE ...
21

JE TIENS EN GAGE LA VILLE DE BERGHEIM. ET LE DUC RENÉ II NOUS SOUTIENT. IL COMPTE NOUS CÉDER BAYON ET CHALIGNY.
DITES À L'ARCHIDUC QUE LES TRAVAUX CONTINUENT...
JE LUI FERAI PART DE VOTRE RÉPONSE MESSIRE. SOYEZ-EN SÛR...
BIEN, OSWALD CE DOIT ÊTRE LUI, LE THIERSTEIN ? IL N'Y A TOUJOURS PAS D'ANOMALIE TEMPORELLE ...
HE TOI ! ...
D'OÙ SORS-TU ?
JE... JE NE PUIS VOUS ...
JE ME NOMME ALINE ET...
MAIS ! SORCELLERIE!
?
COMMENT FAIS-TU POUR DISPARAÎTRE AINSI ET REVENIR 20 SAISONS PLUS TARD AU MÊME ENDROIT ? ...
DE PLUS SANS QUE RIDE NE SE VOIE ?
INCROYABLE, CE DOIT ÊTRE L'UNE DES CAPTIVES DES AFFREUX SEIGNEURS BRIGANDS ... ELLE VIT ENCORE GRÂCE À MOI.
JE M'APPELLE LISERON.
JE N'ÉTAIS QU'UNE ENFANT LORSQUE TU NOUS AS SAUVÉS... ET AUJOURD'HUI JE SUIS L'UNE DES BLANCHISSEUSES DU CHÂTEAU ...
ALLONS, SUIS-MOI. C'EST JOUR DE BAIN. TU ME DIRAS PLUS TARD POURQUOI TU RESSEMBLES TANT À CETTE JEUNE FILLE QUE J'AI VUE JADIS,
CE DÉMON COMME LE PRÉTENDAIT LES BRIGANDS...
22

LES TEMPS NE SONT PLUS À LA GUERRE, MAIS AUX SOUCIS DE CONFORT ET D'HYGIÈNE. C'EST AINSI QUE DERRIÈRE L'ÉPAISSE MURAILLE PROTECTRICE, UN JARDIN ET UNE BADSTUBE ACCUEILLENT LE VISITEUR.
IL FAUT VERSER LES HUILES DE BAIN. ET LES PÉTALES DE FLEURS ALINE ...
TU TE RENDS COMPTE GUILLAUME, NOUS FAIRE DES MENACES...
ALLONS, UN BON BAIN TE CALMERA CHER FRÈRE ...
ALLEZ, VIENS LA JOUVENCELLE, IL FAUT NETTOYER LES LINGES.
QUELQUES 1750 COUPS DE BATTOIR PLUS TARD ...
ET TU VOUDRAIS QUE JE CROIS À CETTE HISTOIRE DE VOYAGE DANS LE TEMPS ! JE PRÉFÈRE CELA À L'IDÉE D'UN DIABLOTIN VENU DE L'ENFER, MAIS TOUT DE MÊME ?
DE TOUTE FAÇON, GENS DU PASSÉ OU DU FUTUR COMME MAMAN, PERSONNE N'Y CROIT.
ALLEZ, AU BAIN ! IL RESTE UN FOND ...
C'EST GRANDE JOIE, ON ARRIVE ...
...
NON ! JE NE PRÉFÈRE PAS... AU REVOIR...
REVIENS ! OÙ COURS-TU AINSI, DIABLOTINE...
23

CE N'EST PAS ICI QUE JE TROUVERAI LA FAILLE TEMPORELLE.
IL EST TEMPS D'AVANCER. USONS... LE HAUT-KOENIGSBOURG DEVIENT LA FORTERESSE LA PLUS IMPORTANTE D'ALSACE. L'EMPEREUR FRÉDÉRIC III DÉCRÈTE QU'IL N'EST PLUS PROPRIÉTÉ D'EMPIRE. IL PASSE APRÈS LE DÉCÈS D'OSWALD À SON FRÈRE, PUIS À SON FILS HENRI, AVEC QUI LA LIGNÉE DES THIERSTEIN S'ÉTEINDRA. LES HABSBOURG, QUI DÉCIDENT D'ENTRETENIR LE CHÂTEAU COMME BIEN D'EMPIRE, Y NOMMENT FRIEDRICH VON FRIDINGEN COMME CAPITAINE. PUIS LE FIEF EST ENGAGÉ AUX FILS DE FRANZ VON SICKINGEN, SCHWEIGHARDT, JEAN ET FRANÇOIS-CONRAD, CONTRE LA SOMME DE 13 000 FLORINS. QUELQUES ANNÉES PLUS TARD, EN 1539, GOETZ VON BERLICHINGEN, UN AMI DE CETTE FAMILLE, CÉLÈBRE AU CHÂTEAU LE MARIAGE DE SA FILLE...
ADIEU DIABLOTINE ! JE NE T'OUBLIERAI PAS...
1510
1525
1539
UN PEU PLUS ET JE ME RETROUVAIS AU MILIEU DE LA FOULE...
?!
VIENS DONC PAR-LÀ, TOI ! ...
JE T'AI CHERCHÉE PARTOUT...
TON BAIN T'ATTEND...
TU N'Y ÉCHAPPERAS PAS ...
LÀ ! ... C'EST SÛR ! ...
ALLEZ, ON FROTTE MA BELLE ! ...
ET BIEN ADELAÏS COMMENT TE TROUVES-TU...
ELLE ME PREND POUR UNE AUTRE...
ALLONS VIENS, LA CÉRÉMONIE VA COMMENCER...
24

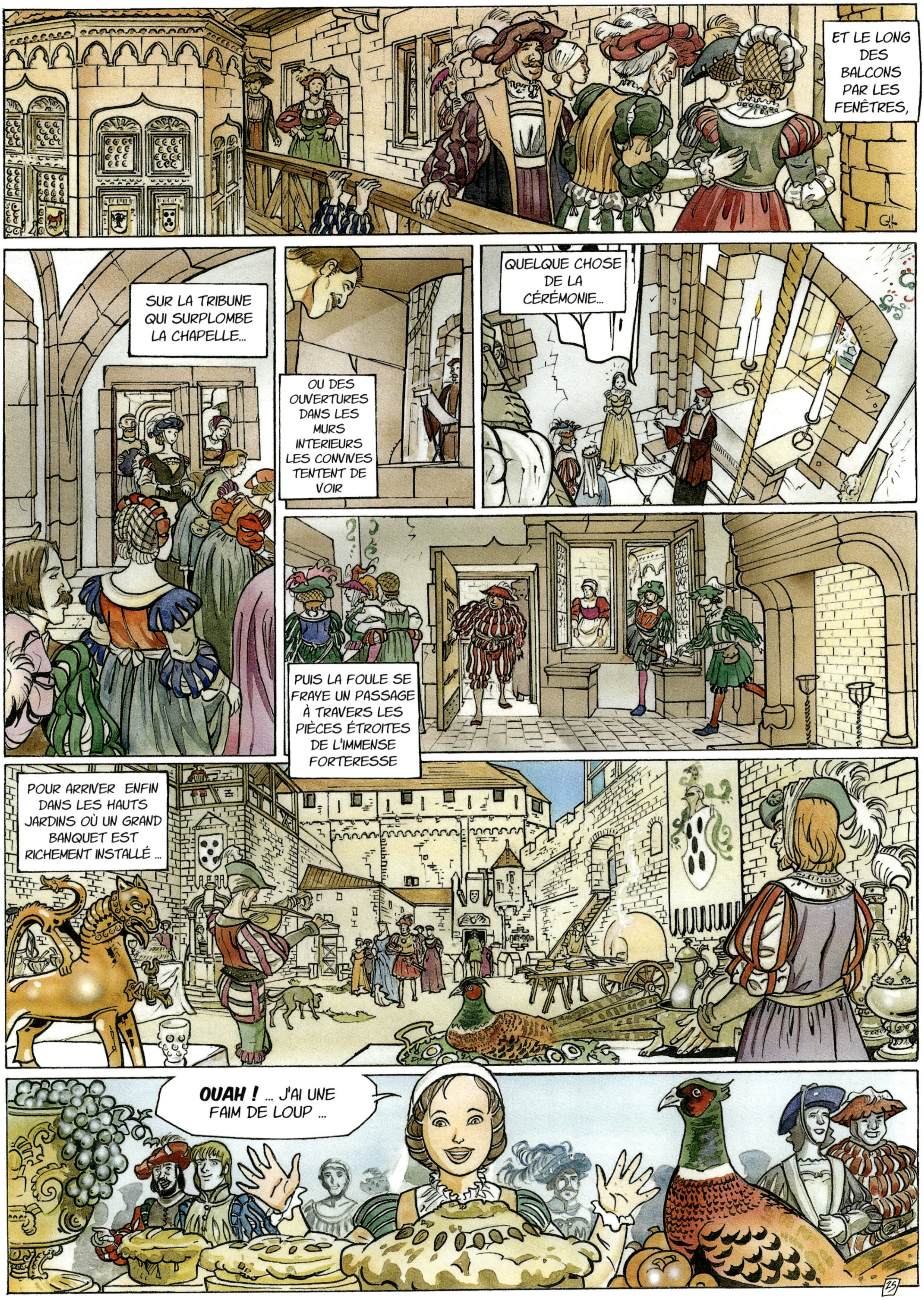

ET LE LONG DES BALCONS PAR LES FENÊTRES,
SUR LA TRIBUNE QUI SURPLOMBE LA CHAPELLE...
OU DES OUVERTURES DANS LES MURS INTERIEURS LES CONVIVES TENTENT DE VOIR
QUELQUE CHOSE DE LA CÉRÉMONIE...
PUIS LA FOULE SE FRAYE UN PASSAGE À TRAVERS LES PIÈCES ÉTROITES DE L'IMMENSE FORTERESSE
POUR ARRIVER ENFIN DANS LES HAUTS JARDINS OÙ UN GRAND BANQUET EST RICHEMENT INSTALLÉ ...
OUAH ! ... J'AI UNE FAIM DE LOUP ...
25

GROUMFF! MMM! C'EST BON ! ...
HE LÀ MA BELLE, MES TAILLIS DE RAISINS SECS ET MA TOURTE D'ALLEMANDES SONT POUR LA FIN...
?...
GOÛTE UN BON MORCEAU DU CERF
ET LÀ LES GRANDS PÂTÉS D'ANGUILLES.
SLURP !
EUH ... NON MONSIEUR, JE N'AI PLUS FAIM ... MERCI ...
MA ROBE ! ...
!!
D'OÙ SORS-TU, TOI ? ...
EUUUH ! ... C'EST-À-DIRE QUE...
REVIENS ! OÙ COURS -TU AINSI !
POURQUOI TU AS PRIS MA PLACE...
...DE FILLE D'HONNEUR !!!
ADELAÏS TE REVOICI EN GUENILLES ?
MAIS NON MA DAME !...
ÉCHAPPER À CETTE FURIE ...
IL FAUT RETROUVER LE SAC,
MAIS COMMENT REGAGNER LA SALLE DE BAIN DANS CE LABYRINTHE !

ALINE SE PERD ALORS DANS LES NOMBREUSES PIÈCES DU CHÂTEAU.
OÙ CHACUN VAQUE À SES OCCUPATIONS ...
PUIS ENFIN.
OUF! VOILÀ MON SAC.
JE REMETS MES HABITS ...
ET JE CONTINUE L'EXPLORATION ...
UN PEU PLUS TARD.
LA VOICI MA DAME !
ELLE A DISPARU !...
L'EXPLORATION CONTINUE ,LE GRAND BASTION A ÉTÉ RENFORCÉ À L'OUEST ET UN AUTRE EN FORME D'ÉTOILE CONSTRUIT À L'EST ...
LES SICKINGEN Y HABITENT RAREMENT. LE DOMAINE PASSE AU BARON RUDOLF VON BOLLWEILER, GRAND BAILLI DE L'ARCHIDUC. UNE GARNISON EST INSTALLÉE AU CHÂTEAU, COMMANDÉE PAR LE PRÉVÔT PHILIP VON LICHTENAU.
27

DÉJÀ LA TERRIBLE GUERRE DE TRENTE ANS RAVAGE LE NORD DU PAYS. LE ROI DE SUÈDE GUSTAVE-ADOLPHE SOUTIENT LES PROTESTANTS, ENNEMIS DE L'EMPIRE. VAINQUEUR AU COMBAT, IL VA TOUT DE MÊME LAISSER SA VIE SUR LE CHAMP DE BATAILLE. SON ARMÉE, DÉSORIENTÉE PAR CETTE NOUVELLE, PREND SES QUARTIERS D'HIVER EN ALSACE ET, REJOINTE PAR LES TROUPES DU ROI DE FRANCE, ELLE VA RAVAGER LA PROVINCE. DES VILLAGES ENTIERS DISPARAISSENT;
LE 15 JUILLET 1633, LES TROUPES ARMÉES SONT AUX PORTES DU HAUT- KOENIGSBOURG
MESSIRE UN MESSAGE DES SUÉDOIS
QUE DIT-IL ?
MOI, GEORGES-SÉBASTIEN FISCHER,
DU RÉGIMENT SUÉDOIS DE HUBALT,
EXIGE VOTRE REDDITION DANS LES SIX HEURES ... DÉPASSÉ CE DÉLAI, LES VAINCUS SERONT PENDUS PAR NOTRE BOURREAU EN HAUT DES MURS.
TOUJOURS AUCUNE NOUVELLE DE LA RÉGENCE D'ENSISHEIM, LIEUTENANT ETIENNE ?
NON MESSIRE, JE SUIS INQUIET, CELA N'EST PAS DANS LEURS HABITUDES. IL A DÛ ARRIVER QUELQUE CHOSE.
JE VAIS DEMANDER À L'ENNEMI UNE TRÊVE ... DE SIX SEMAINES.
!!!
LES SUÉDOIS ... CE SONT EUX QUI VONT FAIRE UNE RUINE DU CHÂTEAU ?..
UNE RUINE, COMME TU Y VAS !
?!
28

ON N'A PAS ENCORE COMMENCÉ ET ELLE VEUT DÉJÀ QU'IL SOIT DÉTRUIT.
WHA! HA HA
D'OÙ TU SORS, TOI ? D'ORSCHWILLER OU DU VAL DE VILLÉ ? JE N'AI JAMAIS VU FILLETTE COIFFÉE, CHAUSSÉE ET VÊTUE DE PAREILLE FAÇON !
C'EST PEUT-ÊTRE COMME ÇA QUE L'ON HABILLE LES JEUNES FILLES DANS LES MONTAGNES ... WHA! HA! HA!
SEULS LES HOMMES VALIDES ONT LE DROIT DE VENIR PAR LÀ, MA BELLE ... VA DONC REJOINDRE LES TIENS DANS LA PARTIE NORD. ALLONS !
EUUH ! OUI, EXCUSEZ-MOI, AU REVOIR...
ATTENTION !
CLANG
CLANG
HAHAHA !
MIS À TERRE PAR UNE FILLETTE!...
29

ICI JE NE RISQUE RIEN ...
LISONS LA SUITE APRÈS 53 JOURS DE SIÈGE, N'AYANT REÇU AUCUN SECOURS DE LA RÉGENCE EN DÉROUTE À BRISACH, LICHTENAU CAPITULE ... QUATRE SEMAINES PLUS TARD, LE HAUT-KOENIGSBOURG, FLEURON DE L'ARCHITECTURE MÉDIÉVALE, EST INCENDIÉ ET RUINÉ... POUR LA PREMIÈRE FOIS DE SON HISTOIRE, L'ALSACE DEVIENT UNE TERRE DE FRANCE ET EN 1865, LA VILLE DE SÉLESTAT, SITUÉE À QUELQUES LIEUES DE LÀ, RACHÈTE LES RUINES DU CHÂTEAU APRÈS QU'ELLES ONT ÉTÉ CLASSÉES MONUMENT HISTORIQUE ...
1862
1703
1633
ET LÀ, AU MILIEU DES RONCES , ELLE DÉCOUVRE...
CE QUI DÉSORMAIS NE SERA PLUS...
QU'UNE RUINE ROMANTIQUE...
POUR DES PROMENEURS NOSTALGIQUES
IL VAUT MIEUX RESTER CACHÉE...

**" CONDENSÉ D'UN TEXTE ÉCRIT PAR CE PERSONNAGE, LOUIS SPACH, ARCHIVISTE EN CHEF DU DÉPARTEMENT."

ELLE PARCOURT ALORS UNE RUINE QUI CETTE FOIS EST DÉSERTE...
RIEN !
RIEN !
PAS UN INDICE,
QUE FAIRE ?
CETTE FOIS C'EST TERMINÉ
CE CHÂTEAU NE SERA JAMAIS RECONSTRUIT. LES CHEVALIERS DE LA GUILDE DU TEMPS VONT ÊTRE DÉÇUS...COMMENT CONTINUER ?...
IL ME FAUT UNE IDÉE...
MAIS NON ! INCROYABLE !...
VOICI VOTRE CADEAU MAJESTÉ...
32

MALÉDICTION !
ALLEZ-VOUS EN, QUE JAMAIS PERSONNE NE PENSE À RECONSTRUIRE LE HAUT-KOENIGSBOURG !
JE NE COMPRENDS PAS,
IL N'Y A JAMAIS EU D'HISTOIRE DE FANTÔMES.
VOTRE FAMILLE SERA PLONGÉE ...
...DANS LE MALHEUR !
JAMAIS EU DE FANTÔMES ...
MAIS BIEN SÛR, LE CHÂTEAU NE PEUT ÊTRE HANTÉ !
J'AI SAUVÉ LES CAPTIFS DES AFFREUX SEIGNEURS BRIGANDS ...
ET MAMAN QUI PARLAIT DE RUINES HABITÉES PAR LEURS ESPRITS ...
VOILÀ DONC LES CONSÉQUENCES DE MON PASSAGE DANS LE PASSÉ ...
33

IL Y A QUELQU'UN LÀ -BAS ?
ET LÀ UN PHONOGRAPHE POUR LE SON...
MALÉDICT
CECI EST UN MALENTENDU, VOTRE MAJESTÉ, NOUS NE SAVIONS PAS !
HERR BURGERMEISTER VOUS OSEZ ME FAIRE...
...DON D'UNE RUINE HANTÉE !
QUITTONS CES LIEUX MAUDITS !...
JE JE SUIS DÉSOLÉ...
J'EN ÉTAIS SÛRE !
LE TEMPS PRESSE
LE CHÂTEAU DOIT ÊTRE......
RECONSTRUIT
34

REGARDEZ EMPREREUR !
J'AI COMBLÉ LA FAILLE TEMPORELLE ...
CE N'EST QU'UN SIMPLE PANTIN ?!...
NOUS DEVONS TROUVER L'AUTEUR DE CETTE FARCE !
DÉPÊCHEZ-VOUS IL NE DOIT PAS NOUS ÉCHAPPER !
EH VOUS !...
CRIIC
ALINE REVIENS !
?
JE SAVAIS QUE TU ME RETROUVERAIS ...
UN CHEVALIER DE LA GUILDE ! MAIS POURQUOI AVEZ-VOUS FAIT CELA ?
C'EST MOI THÉOFRIED ! MON BUT ÉTAIT DE VOUS PRÉVENIR TOI ET CATHERINE QUE JE SUIS COINCÉ DANS LE TEMPS, EN 1899.
ATTENTION DERRIÈRE VOUS!
EMPAREZ-VOUS DE LUI !...
35

FUIS DANS LE FUTUR ...
JE NE PEUX TE SUIVRE, JE N'AI PLUS DE POUVOIR ...
JE TE RETROUVERAI ...
CLIC CLIC
ATTRAPEZ AUSSI LA JEUNE FILLE! ...
JE N'AI PAS LE CHOIX ! AU REVOIR ! ...1900, L'ARCHITECTE BODO EBHARDT EFFECTUE DES RELEVÉS... UNE CAMPAGNE PHOTOGRAPHIQUE DES RUINES EST ORGANISÉE ...
QUEL EST CE PRODIGE ? ! ...
LÀ OÙ ELLE VA, VOUS NE POUVEZ LA SUIVRE, MESSIEURS ! ...
BIEN, ON N'A RIEN VU LES GARS, RIEN ENTENDU. JE NE VEUX PAS FAIRE DE RAPPORT
ET TOI, EN ATTENDANT ON TE TIENT BEL ET BIEN.
1900
RIEN N'A CHANGÉ ICI ?
VOYONS À L'INTÉRIEUR ...

NON ! IL EST TOUJOURS EN RUINE...
D'OÙ SORTEZ-VOUS, FRAÜLEIN? ! ...
EUH ! QUI ÊTES-VOUS, MONSIEUR ? ...
ÇA ALORS ! CE SERAIT PLUTÔT À MOI DE VOUS DEMANDER CE QUE VOUS FAITES LÀ ? ! ...
JE ME PRÉSENTE, BODO EBHARDT, ET JE SUIS ICI POUR ÉTUDIER LE HAUT-KOENIGSBOURG EN VUE DE SA RECONSTRUCTION.
LE PROJET NE SERA PAS ABANDONNÉ EN COURS DE ROUTE ? ...
PAS DU TOUT, QUELLE IDÉE ! ... JE SUIS EN TRAIN DE DRESSER DES PLANS ET D'ESSAYER DE COMPRENDRE COMMENT RESTITUER LE PLUS FIDÈLEMENT POSSIBLE CETTE FORTERESSE ...
COMME SI AUCUNE GUERRE NE L'AVAIT ABÎMÉE ?
HERR HEBHARDT !
LE PHOTOGRAPHE VOUS RÉCLAME... IL VOUDRAIT VOTRE AVIS SUR UNE PRISE DE VUE DE LA COUR INTÉRIEURE.
AH OUI, J'ARRIVE,
JE VEUX QUE L'ON ME METTE LA CLÉ DE VOÛTE DÉCORÉE D'UNE TÊTE BIEN DE FACE ...

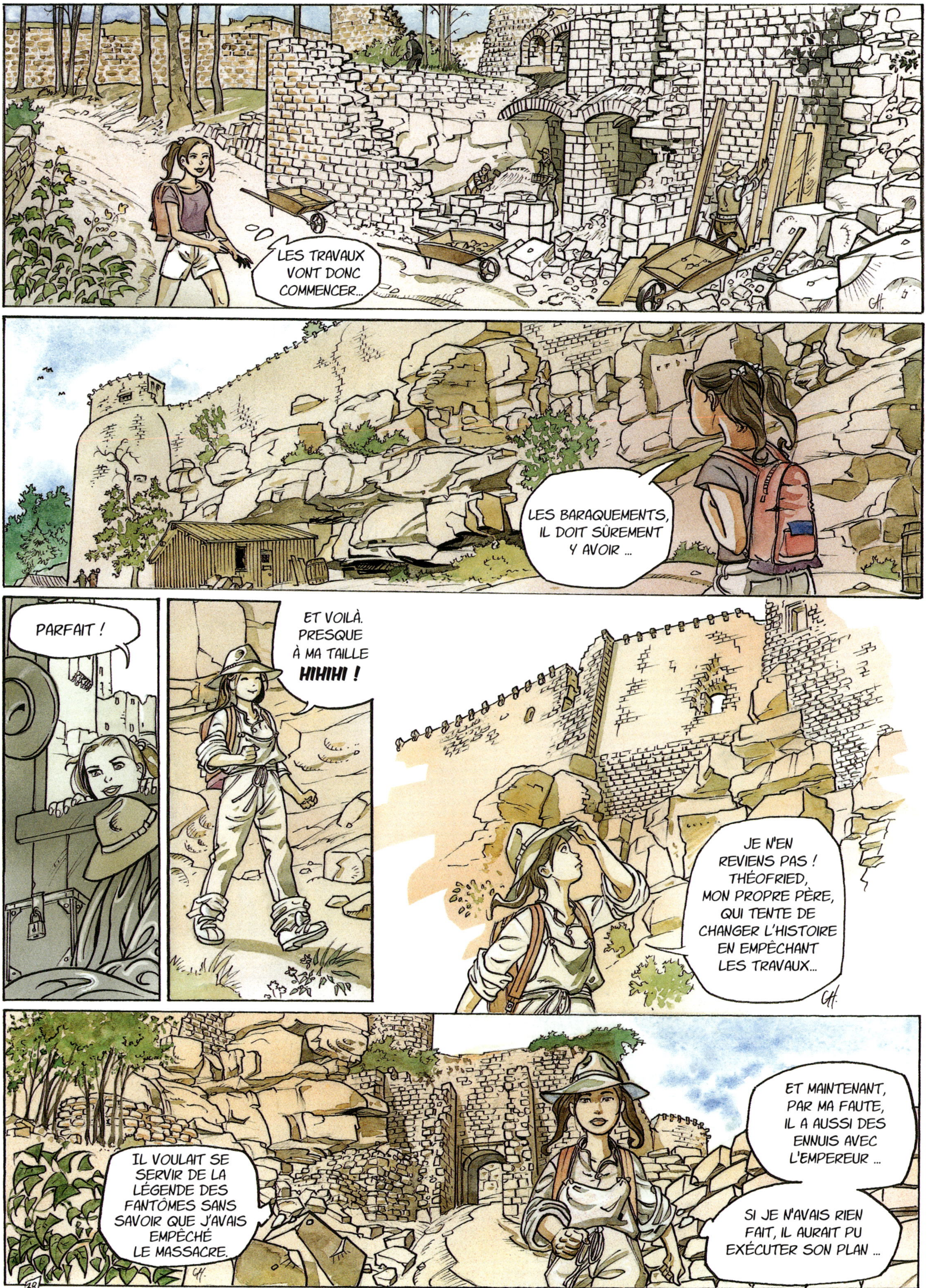
LES TRAVAUX VONT DONC COMMENCER...
LES BARAQUEMENTS, IL DOIT SÛREMENT Y AVOIR ...
PARFAIT !
ET VOILÀ. PRESQUE À MA TAILLE **HIHIHI !**
JE N'EN REVIENS PAS ! THÉOFRIED, MON PROPRE PÈRE, QUI TENTE DE CHANGER L'HISTOIRE EN EMPÊCHANT LES TRAVAUX...
IL VOULAIT SE SERVIR DE LA LÉGENDE DES FANTÔMES SANS SAVOIR QUE J'AVAIS EMPÊCHÉ LE MASSACRE.
ET MAINTENANT, PAR MA FAUTE, IL A AUSSI DES ENNUIS AVEC L'EMPEREUR ...
SI JE N'AVAIS RIEN FAIT, IL AURAIT PU EXÉCUTER SON PLAN ...
38

BIEN, VOYONS LA SUITE, PEUT-ÊTRE QU'IL TENTERA DE ME RENCONTRER LORS DE MON AVANCÉE DANS LE FUTUR PROCHE ? ...
UNE VOIE DE CHEMIN DE FER EST INSTALLÉE POUR ACHEMINER LES MATÉRIAUX .
1902 LES...
1902
1901
1900
ACHTUNG!
IL FALLAIT BIEN CETTE MACHINE DE 5 TONNES FABRIQUÉE À DÜSSELDORF POUR FACILITER LE TRANSPORT D'AUSSI LOURDES PIERRES ET DU MATÉRIEL NÉCESSAIRE AU CHANTIER ... L'ON CHARGEAIT LES SERRURIERS DE SON ENTRETIEN ET DE SA CONDUITE ?
39

UNE PREMIÈRE GRUE DESTINÉE À LA RECONSTRUCTION DU DONJON EST INSTALLÉE, PUIS UNE DEUXIÈME SUR RAIL EN 1903 LES TRAVAUX...
WOUAH !...
1903
1907
MALGRÉ CERTAINES CRITIQUES DE GENS BIEN PENSANTS SOUCIEUX DE POLÉMIQUER SUR L'ASPECT DU DONJON,LES TRAVAUX SE TERMINENT, GUILLAUME II ORGANISE ENFIN SON INAUGURATION. L'ON CHOISIT LA DATE DU 13 MAI 1908
1907
1908

ÇA ALORS ! ... J'AI DÛ FAIRE UNE ERREUR QUELQUE PART !
JE SUIS RETOURNÉE AU MOYEN ÂGE ! ? ...JE NE COMPRENDS PLUS RIEN ? THÉOFRIED AURAIT-IL RÉUSSI À CRÉER UNE NOUVELLE FAILLE TEMPORELLE ?
LÀ, MAIS C'EST...
THÉOFRIED ! ...
EH!
YA!
JE VOUS AI CONFONDU AVEC QUELQU'UN D'AUTRE.

L'INAUGURATION !...
...
UNE FOIS LE DÉFILÉ TERMINÉ LE KAISER PRONONCE UN DISCOURS AVANT DE REMETTRE LA CLEF AU COMMANDANT DU CHÂTEAU
AUSSITÔT LA PORTE OUVERTE LES INVITÉS LA FRANCHISSENT EN LAISSANT LA FOULE À L'EXTÉRIEUR EXPOSÉE À LA PLUIE DILUVIENNE...
MAIS ALINE A RÉUSSI À Y ENTRER...
42

ET LÀ CHACUN PEUT APPRÉCIER LA RECONSTITUTION DES LIEUX...
J'AI RÉUSSI MA MISSION, LE HAUT-KOENIGSBOURG SERA À NOUVEAU COMME JE L'AI TOUJOURS CONNU.
POURQUOI JE N'AI PAS REVU THÉOFRIED ...
IL EST TEMPS DE RENTRER CHEZ MOI.
ALORS PENDANT QUE CERTAINS VOYAGENT DANS LE PASSÉ PAR LA MISE EN SCÈNE ...
ELLE ENTREPREND SA DERNIÈRE LIGNE DROITE VERS...
1909
1910
1919
1908
1944
1949
1950
1963
1975
1990
1998
2000
LE 21 ÉME SIÉCLE
43

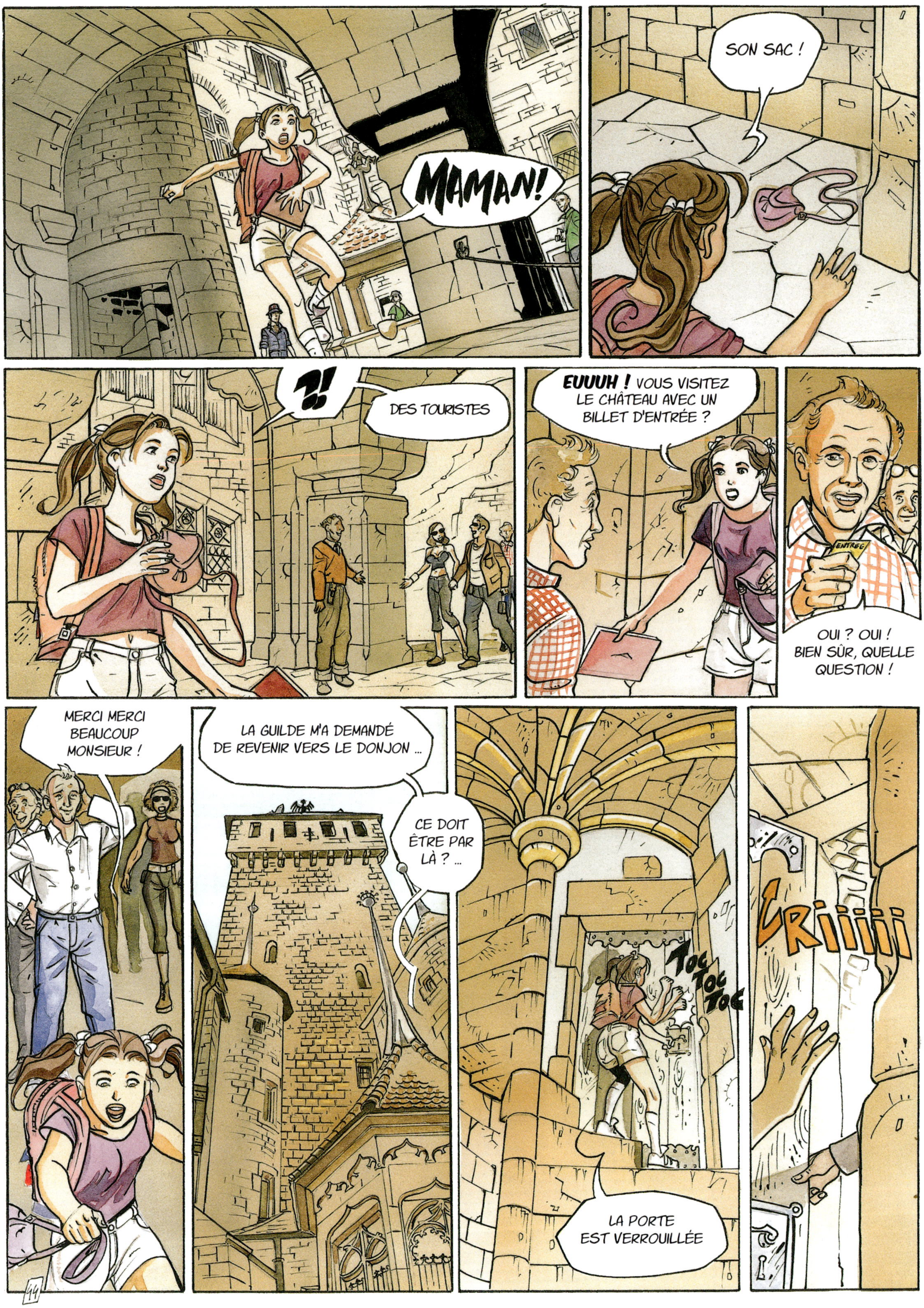
MAMAN!
SON SAC !
?!
DES TOURISTES
EUUUH ! VOUS VISITEZ LE CHÂTEAU AVEC UN BILLET D'ENTRÉE ?
ENTRÉE
OUI ? OUI ! BIEN SÛR, QUELLE QUESTION !
MERCI MERCI BEAUCOUP MONSIEUR !
LA GUILDE M'A DEMANDÉ DE REVENIR VERS LE DONJON ...
CE DOIT ÊTRE PAR LÀ ? ...
TOC TOC TOC
LA PORTE EST VERROUILLÉE
CRiiiii

*VOIR LE MANUSCRIT DU LICHTENBERG

ALINE TU DIS QU'IL ÉTAIT PRISONNIER DU KAISER LORSQUE VOUS VOUS ÊTES QUITTÉS ?
OUI, JE N'AI RIEN PU FAIRE ... TOUT EST DE MA FAUTE ! ...
MES SEIGNEURS, VOUS PENSEZ À LA MÊME CHOSE QUE MOI.
OUI, NE PERDONS PAS DE TEMPS ...
ALINE, MA PETITE, À PRÉSENT C'EST À TOI DE NOUS ATTENDRE.
NOUS AVONS UNE MISSION À ACCOMPLIR.
POUR ELLE CE NE FUT QUE QUELQUES MINUTES D'ATTENTE.
2000
1950
1930
1900
ALORS QUE POUR LA GUILDE DU TEMPS LE VOYAGE DURA UNE SEMAINE, PEUT-ÊTRE PLUS, QUI SAIT
CE DONT NOUS SOMMES CERTAINS, C'EST QU'IL REVINT DU PASSÉ.
ALINE ! ...
VOUS AVEZ RÉUSSI !
46
MA MIE CATHERINE!
JE REVIENS VERS TOI ! ...
THÉOFRIED?! ...
FIN
DE L'ÉPISODE
carmona.